PREMIER

APPEL AUX SIFFLETS

OU

PETIT RAPPORT AU PUBLIC,

Sur le Grand M. B. Constant,

SUR ses faits et gestes, et notamment sur ses *Exploits* à Saumur, dans les journées des 7 et 8 Octobre 1820.

PAR UN PRÉTORIEN IMBERBE.

Il est temps de sonder les réputations.
(*De Beaufort d'Auberval* ; poème inédit).

PARIS,

CHEZ PONTHIEU, LIBRAIRE AU PALAIS-ROYAL,
Galeries de Bois. Et chez les Marchands de Nouveautés.

1821.

DE L'IMPRIMERIE DE BRASSEUR AINÉ,
rue Dauphine, N. 36,

AVERTISSEMENT.

M. Benjamin Constant n'était point à Paris, et Paris était tranquille : M. Benjamin Constant était à Saumur, et Saumur ne l'était pas. Voilà ce qui résulte de la lettre de M. B. Constant, adressée de Blois, sous la date du 10 octobre, à S. Exc. le Ministre de la guerre. M. B. Constant est de retour à Paris; et si malgré cela, la tranquillité y règne encore, ce n'est pas la faute de ce fécond écrivain qui, dans l'espace de trois semaines, nous a lâché deux pamphlets (mal écrits) dans l'intention de fournir aux Stentors de sa clique, matière à clabauder, précisément comme au combat de Pantin, on lâche des roquets pour faire aboyer les dogues. Il a bien encore eu celle de s'indemniser, par le produit de la vente de ces petits chef-d'œuvres, des frais de sa tournée *apostolique*, attendu qu'il fallait ménager les fonds de la Propagande pour le moment précis des élections, et en cas de besoin, pour une journée solennelle comme celle du 3 juin, par exemple.

Entre le public et moi, je suppose cela comme M. B. Constant a supposé la *dissolution de la chambre des Députés ;* comme il a supposé que son aventure de Saumur *avait donné lieu à des relations fort inexactes* qu'il s'est mis à réfuter *sans avoir eu le temps de les vérifier ;* si jamais, séduit par son exemple, je me lance dans le système des suppositions et des probabilités qu'on en peut tirer, il est facile de prévoir que, comme lui, j'irai loin en fait d'idées hardies, ou si l'on veut libérales, du nombre desquelles j'aurai, comme lui, grand soin d'exclure la politesse et la charité.

Quelque soit le parti que je prenne un jour à cet égard, j'ai pensé que, puisqu'il avait plu à M. B. Constant de livrer au public (qu'elle ne regardait pas,) une lettre qu'il avait écrite au Ministre de la guerre (que, seul, elle devait regarder), je pouvais bien, moi, faire au public, (qu'il regarderait), un petit rapport dans lequel il pourrait reconnaître que M. Benjamin se mocque de lui, en lui donnant pour des réalités constantes, les songes qu'il fait; pour des vérités incontestables, les mensonges qu'il débite ; pour des argumens irrésistibles, les paradoxes qu'il entasse ; pour des preuves de modestie, les leçons qu'il dicte insolemment aux Ministres ; pour de l'urbanité, les dégoûtantes injures qu'il vomit contre le roi, contre les magistrats et contre l'armée; pour amour de la paix, ses continuelles provocations à la vengeance par le rappel affecté de prétendus forfaits dont il faudrait prêcher l'oubli ; pour un modèle d'éloquence, enfin, son style plat, diffus, tudesque, inintelligible.

J'ai pensé de plus, que tout bon citoyen, tout homme raisonnable, (et il s'en trouve, dans ce Public auquel j'ai l'honneur d'écrire, beaucoup plus que ne pense M. B. Constant, encore que ce ne soit pas à sa manière,) verrait en outre, dans ce *travailleur* d'opinion, un charlatan politique tourmenté du désir de faire du bruit, qui ne fait que cela, qui n'est bon qu'à cela. J'ai pensé de plus que tout bon citoyen, tout homme raisonnable, se rappellerait que la véritable, la seule *faction de* 1815, fut celle qui prépara le 20 mars de cette année à jamais exécrable par le retour du plus absurde tyran qui fut jamais ; par la seconde invasion qu'elle nous attira sur ses pas, et par l'occupation de notre territoire dont elle seule nécessita la prolongation en semant sur tous les points de notre patrie, (1) le *trouble, la discorde, les injustes défiances contre le gouvernement du roi, contre sa famille et contre lui-même*, et en se mettant sur quelques-uns, en révolte ouverte

(1) Expressions du Roi dans sa proclamation du 25 octobre 1820.

contre son autorité reconnue par la nation et par toutes les puissances avec lesquelles il venait de rétablir nos antiques relations dont il était de leur intérêt comme du nôtre, de maintenir l'existence.

Combien je me féliciterais si, las enfin d'être les dupes de cette *faction* dont la tactique fut toujours de crier au voleur, quand on la prenait la main dans le sac, *les gens raisonnables*, *les bons citoyens* dont je parle, trouvaient, dans les réflexions que je leur suggère, *un motif de plus pour écarter des élections* de tous les temps, *tous les hommes qui*, loin de la maudire, au souvenir des maux qu'elle nous causa, se sont ouvertement montrés à sa tête ou dans ses rangs; quand, pour un instant elle se releva de sa chûte, et qui, dans l'espoir de la relever encore, crient, mentent, calomnient, pour lui susciter des partisans et lui signaler des victimes.

PREMIER

APPEL AUX SIFFLETS,

OU

PETIT RAPPORT AU PUBLIC,

Sur le grand M. B. Constant ;

SUR ses faits et gestes, et notamment sur ses *Exploits* à Saumur, dans les journées des 7 et et 8 Octobre 1820.

AU PUBLIC.

SEIGNEUR,

Vous êtes ce même Public que, dans l'un de ses opéra comiques, le malicieux Piron qui vous fit tant rire quand vous aimiez mieux rire que politiquer, nous représenta sous les traits d'un Sultan portant pour sceptre un long sifflet destiné à tympaniser les mauvais auteurs de son tems qui fut celui de votre bonne humeur.

Vous faisiez, seigneur, un noble usage

de cet instrument, signe dans vos mains du pouvoir le plus *légitime*, et bien des gens, encore *qu'ils parlassent et qu'ils écrivissent purement le français*, ne furent point à l'abri de ses atteintes, pour s'être avisés de vous ennuyer tant en prose qu'en vers sans génie.

La révolution, ennemie de toute *légitimité*, vous arracha votre *sceptre*, pour parvenir à briser plus aisément celui de nos Rois, et depuis trente ans, on nous a débité tant de sottises sur lesquelles vous n'avez pas soufflé le mot; qu'il faut vraiment vous connaître à fonds pour ne pas croire que, perdant ce goût exquis qui vous avait si fort distingué, surtout depuis le siècle de Louis XIV, de judicieuse mémoire, et qui vous rend à jamais le juge irrécusable de tout ce qu'on dit, de tout ce qu'on imprime, vous vous êtes blasé sur les bonnes choses, endormi sur les mauvaises, accoutumé enfin aux sottises, à force d'en avoir vu, d'en avoir entendu; à force d'en voir et d'en entendre.

Aujourd'hui, seigneur, que notre Monarque a ressaisi son sceptre, et qu'il vient de proclamer qu'il est *inébranlablement* déterminé à le tenir d'une main ferme, pourquoi ne reprendriez-vous pas le vôtre? La raison, la vérité, la justice, la légitimité, la grammaire même outragées de toutes parts; toutes les vertus qui fondent votre bonheur, toutes les institutions qui contribuent à vos plaisirs, menacées d'une subversion prochaine, n'espèrent plus d'autre appui que ce *sceptre* protecteur. Elles demandent à se réfugier sous son ombre, persuadées que le vent seul que vous lui ferez produire en le relevant, terrassera leurs ennemis.

Parmi ces ennemis qui sont les vôtres, puisque c'est sur vous que retombent tous les coups, qu'ils portent, le plus acharné, quoiqu'il ne soit pas d'une grande force; le plus incorrigible, quoique souvent il reçoive des férules; le plus intrépide à faire gémir le bons sens et la presse de ses niaiseries politico-littéraires, quoique ses partisans eux-mêmes, se fendent la bouche jusqu'aux oreilles en jurant qu'elles sont admirables, quand ils ont, à vingt reprises, jeté-là les petites brochures qui les renferment, faute de pouvoir les lire d'une halcine, est une espèce de Suisse manqué, de Français apocryphe, de contribuable indirect qui, voyant bien qu'il ne parviendrait jamais à être votre *Benjamin*, s'est fait celui d'une coterie qui se dit exclusivement *libérale*, et qui veut tout pour elle ; qui se vante d'avoir, seule, toutes les lumières, et qui le prouve « en appercevant une paille dans l'œil de son » voisin, tandis qu'elle ne voit pas une poutre » dans chacun des siens. »

Cet homme, à force de publier et de faire publier qu'il était grand publiciste, se mit dans la tête qu'il l'était en effet, et prétendit en conséquence, que, soit qu'il fût votre Benjamin, soit qu'il ne le fût pas, vous n'en deviez pas moins le nommer votre Député pour le département de la Seine.

Peu confiant dans les moyens et surtout dans l'intention du personnage, vous jugeâtes à propos, Seigneur, d'écarter ses prétentions ambitieuses ; mais il était écrit dans le grimoire de la coterie qu'il vous représenterait, fut-ce malgré vous. En conséquence, on fit tant des pieds et des mains, qu'il parvint enfin à être le Député (de M. Goyet) de la Sarthe.

Fier de ce triomphe obtenu sur vous même, il s'imagina qu'il allait être l'orgueil de la Tribune, comme il était celui de la Renommée, journal qui s'énorgueillissait de bien peu de chose, et dans laquelle il réchauffait, par-ci par-là quelques lettres sur les cent jours, où, vous prenant pour une *ganache*, (1) il vous faisait des contes à dormir de bout, et vous donnait, sans façon comme sans pudeur des vessies pour des lanternes.

A peine eut-il mis le pied sur les marches de cette tribune où les *frères et amis* avaient espéré qu'il dirait de si belles choses, qu'il n'y eut plus de place que pour lui ; que, saisi de la démangeaison de parler, comme il l'avait été de celle d'écrire, et que s'en acquittant avec le même talent, il les assomma de discours comme il nous avait écrasé de pamphlets et d'articles de journaux composés de phrases décousues, de maximes à la volée, de raisonnemens sans conséquence. Mais, comme depuis la *Chambre introuvable*, les discours ne rapportent plus rien, au lieu que les pamphlets et les articles de journaux font bouillir le pot au feu, M. le Député se garda bien d'oublier son premier métier.

---

(1) Épithète polie ajoutée par le très Libéral Napoléon, au nom de son beau-père forcé, S. M. l'empereur d'Autriche.

Les idées les plus extravagantes, étant, Seigneur, grâces à votre silence obstiné, devenues les plus lucratives, il continua à farcir des siennes, une certaine Minerve qui n'était pas la Déesse de la sagesse, mais bien celle de la guerre *civile* ; laquelle finit, comme chacun sait, par créver faute de pouvoir épancher tout le venin dont on l'avait gonflée.

Vous auriez cru, seigneur, que dans cette belle occupation où il avait pour collaborateurs trois ou quatre Académiciens de l'Académie française et un professeur du collége royal, le petit Benjamin, ne pouvant à cause du naturel, s'empêcher de *rêver à la malice*, s'attacherait du moins à former son style sur celui des *immortels* autorisés par leur titre à lui servir de modèles. Eh bien ! point du tout. Il n'avait pu, dans sa jeunesse, en copiant les œuvres d'une femme savante, parvenir à former, de son chef, une phrase régulière; il ne comprit pas même les règles que, par amour propre, ses charitables précepteurs voulurent lui démontrer. Il se fâcha contre eux, et prétendit qu'il avait, au moins autant qu'eux, le droit de réformer, et d'enrichir la langue ; que son style était un style original dont ils n'étaient pas faits pour sentir les beautés et la finesse, et que, puisqu'ils s'imaginaient avoir des droits à le critiquer, par la raison qu'ils étaient Académiciens, il n'y avait pas de raison, pour qu'il ne le devînt pas aussi. Comme il ne doute de rien, il se mit bravement sur les rangs; mais, comme l'Académie qui n'est pas essentiellement obligée de n'admettre que des hommes de génie, s'est, du moins, fait une loi de ne plus recevoir de Barbares, on assure, qu'afin de ne point passer pour tels, ses confrères les Minerviens, eux-mêmes lui donnèrent des boules noires.

Ce petit désapointement, loin de le décourager, ne fit que le rendre plus vain et plus entêté. Ennemi par système de tout pouvoir *légitime*, pour faire enrager l'Académie qui n'avait pas voulu de lui, il se mit à fronder effrontément dans des pamphlets particuliers, les règles qu'elle avait posées, les lois qu'elle avait établies. Les Académiciens de la Minerve qui malgré qu'ils en aient, sentent bien qu'il faut une autorité, s'indignèrent de voir récuser celle du tribunal dont ils font partie. Ils en rougirent pour leur co-minervien, et l'abandonnèrent à son sens réprouvé.

La guerre, seigneur, était déclarée par le faible Benjamin aux onze tribus d'Israël (*); seul contre tous les *compagnons*, cet ignare *apprenti* qui ne savait ni ne pouvait prononcer : *Schibboleth*, voulait que, comme lui, elles prononçassent et écrivissent : *Sibboleth*. Au lieu de le jeter à la rivière, pour le convertir, on cessa tout bonnement de faire attention à lui, et, malgré ses cris et son exemple, chacun continua d'écrire et de prononcer suivant la règle, ce qui prouve en faveur de la raison, de la tolérance et surtout de l'indulgence.

Quand Benjamin vit cela, outré de dépit de n'avoir pu *révolutionner* le langage, il se persuada, qu'il était prédestiné à *révolutionner* l'opinion. A cet effet, il commença par supposer qu'il en avait une, et que chacun devait l'adopter ; comme la plus *libérale* de toutes.

Il est vrai, seigneur, que cela parut fort singulier. On se demanda : — Mais, quelle opinion a-t-il donc ce M. Benjamin? N'a-t-il pas été Tribun sous le consulat? N'a-t-il pas, lui qui crie tant aujourd'hui contre

---

(1) Juges. Chap. 12, v. 6.

la dictature, contre les *dictateurs*, contre *l'empire de Jannissaires privilégiés*, sous le règne d'un monarque constitutionnel, n'a-t-il pas été conseiller intime à la Porte du (*) *Maître du sang* qui ne voulait en Europe, que des *Jannissaires* et des esclaves? N'avait-il pas joui des avantages de la Charte, sous le gouvernement du roi libéral qui l'avait octroyée, et n'a-t-il pas, autant qu'il était en lui, abjuré cette Charte, en signant, et qui pis est, en rédigeant l'acte additionnel aux Constitutions du Champ de Mai ?

Il était donc clair que, si M. Benjamin avait une opinion, elle n'était nullement favorable à cette Charte dont il se fait maintenant le champion à tort et à travers. Il criait, à la vérité : — La Charte, la Charte, Vive la Charte, et ne criait jamais : Vive le Roi, parce que ce cri lui donne des attaques de nerfs. Bientôt, à l'en croire, il devint tellement amoureux de cette Charte qu'il avait voulu étouffer dans son berceau, que cet amour, dégénérant en une espèce de frénésie, il supposa que le Roi, qui voyait

(1) Titre qu'on donne au grand Seigneur, et que ne méritait pas moins l'Empereur de M. Benjamin.

prendre à sa charmante fille des allures un peu trop vives, et qui redoutait pour elle les faux pas que ses amans à la Benjamin complotaient de lui faire faire, avait ordonné à ses Ministres de la tuer ; tandis qu'au fait, il n'était question que de lui arracher une dent, dont on espérait qu'elle pourrait se blesser un jour, et peut-être....

Voilà donc le Benjamin qui se met à crier *Judaïquement* : *Tolle* contre les Ministres du Roi, et à jeter des pierres dans leur jardin, se disant en lui-même : — On ne sait pas où vont les pierres, et peut-être....

Ses cris et ses écrits, ceux de la *Faction* de 1815 parviennent à soulever une portion de *la portion estimable de la jeunesse française*, et l'entraînent, au mépris des article 8 et 53 de cette Charte qui ont fixé la manière d'exprimer légalement son opinion, jusqu'à former des rassemblemens pour intimider les députés de la nation qui, seuls, pouvaient délibérer, car enfin, chacun doit faire son métier, et ferait bien de ne faire que cela, pourvu qu'il le fît bien, et alors M. Benjamin qui suppose que le sien est de parler et d'écrire, ne ferait rien, et tout le monde y gagnerait.

Malgré ces petits rassemblemens de plusieurs milliers de personnes, qui n'étaient pas *séditieux* du tout, encore qu'ils fussent armés ostensiblement de bâtons, et si l'on en croit les mauvaises langues, invisiblement de pistolets, à telles enseignes, que la police renouvella pour lors, les ordonnances contre les armes prohibées; la fermeté du Gouvernement, le patriotisme de la majorité des Chambres, conjurèrent l'orage, et la Charte fut préservée du danger que l'on avait redouté pour elle.

Vous croyez peut-être, seigneur, que M. Benjamin, fatigué de rencontrer si mal, en fait de suppositions, renonça pour jamais à supposer? Loin de là. Présumant bien que, parmi vos Députés, vous ne manqueriez pas, d'après l'épreuve qui venait d'avoir lieu, de distinguer ceux qui méritaient toute votre confiance, il se rendit justice, en s'avouant qu'il n'y aurait pas une très-forte part; et, dans l'intention d'engager le plus de monde qu'il pourrait dans sa querelle, il supposa que, pour vous complaire, le Roi se proposait *de dissoudre la Chambre des Députés*.

Dans l'état où se trouvaient les esprits

par suite de l'impulsion que venait de leur donner la *faction*, une supposition de ce genre pouvait les aigrir davantage, si elle était présentée avec la mauvaise foi et la perfidie qui distinguent si éminemment ses écrivassiers. Elle pouvait de nouveau (1) *semer le trouble, la discorde, les injustes défiances contre le Gouvernement du Roi, contre sa Famille et contre lui-même ;* elle pouvait amener une jolie petite révolution, et peut-être . . . . .

Quel sera l'enfant perdu de la *Faction* qui s'emparera d'un si beau sujet ? En doutez-vous, Seigneur ! Ce sera son Benjamin. Toujours le plus ardent, quand il y a du mal à produire, ou de l'argent à gagner, pourrait-il laisser échapper une si belle occasion ?

Et le Benjamin, de s'escrimer, et de nous lancer un joli petit libelle intitulé : *de la dissolution de la Chambre des Députés* etc., dans lequel se jetant, selon sa coutume, à côté de la question, il parle longuement des élections, fait l'éducation

---

(1) Expressions du Roi, dans sa proclamation du 25 octobre 1820.

des Ministres, leur dit de grosses sottises, leur impute d'atroces intentions, leur nie des vérités de fait qu'ils annoncent, croit leur rétorquer les accusations trop bien fondées dont ils ont chargé son parti, traite de vision ou d'invention de leur part la conspiration du 19 août, en attendant que la commission de la Chambre des Pairs qui juge convenable de ne rien publier encore sur cette affaire, se reconnaissant justiciable de M. Benjamin et consorts, leur rende très-humblement compte des motifs de son silence, pour leur prouver qu'il ne s'agit point ici d'une conspiration à la manière de leurs dignes prédécesseurs, les révolutionnaires de 1793. Obscur comme le doctrinaire Guisot qui (1) écrit en paraboles, afin que personne ne le comprenne, le Benjamin, après avoir rebattu dans ce libelle, tous les lieux communs qui font le corps de ses autres ouvrages, le larde de pensées si profondes que, lui-même, malgré ses lunettes, ne saurait en apercevoir le sens. Enfin, après s'être battu les flancs dans trente-sept mortelles pages d'un bavardage étranger au sujet qu'il a prétendu traiter, il rentre dans ce

(1) Saint Mathieu, C. XIII, v. XIII.

sujet, de son cru, par dix lignes de suppositions nouvelles qui ont l'air d'y tenir, et termine, avec sa bonne foi accoutumée, en protestant de sa stoïque indifférence pour la chûte même de ce ministère qu'il a provoquée par tant d'odieuses imputations, par tant de révoltantes calomnies, mais non pas, quoiqu'il en dise, *sans circonlocutions et sans détours*.

Malheureusement pour le libelle et pour l'étonnante réputation de son auteur, ne voilà-t-il pas qu'il tombe sous la main D'UN AMATEUR DE LA PURETÉ DU LANGAGE qui, dans le titre seul, trouve trois fautes de français, et qui, poursuivant de ligne en ligne le style de l'académicien manqué, n'y voit que des mots, les uns barbares, les autres impropres, les autres inconvenans, les autres insolens, les autres inutiles. Devant ce terrible censeur, les phrases gigantesques du prince des orateurs de *la faction* s'écroulent; ses idées lumineuses, comme des feux folets, s'éteignent; sa logique est nulle; ses partisans accoutumés à l'écouter, bouche béante, éclairés enfin par une raison contre laquelle il n'y a point de réplique, reconnaissent qu'ils n'ont admiré que des bille-

vesées; et lui-même, réduit à « cette con-
» science de nullité qui s'applaudit de régner
» dans le vide, sentant que sa force est né-
» gative; qu'il ne saurait briller que grâces
» à l'absence de tout ce qui est *vérité, sim-*
» *plicité, bon sens, lui-même* » pour qui
toute lutte serait une défaite, et qui, pour
« vaincre ses rivaux a besoin de les chasser
» ou de les proscrire, » s'écrie dans l'amertume de son âme et dans la honte de sa défaite : — « Moi, possesseur de tant de talens
» et de tant de gloire, dans quel abaissement
» me plonge cet homme! A quel excès il
» me fait décheoir! »

Vous concevez, seigneur, à cet amphy-
gouri, que vous pouvez, à bon droit, nommer
une Benjaminade par la raison que vous nom-
mâtes Jeannoteries, les phrases pour le moins
aussi claires de feu Jeannot aussi justement
célèbre dans son temps, que Benjamin l'est
dans le nôtre; vous concevez, dis-je, que
tout l'ellébore d'Antycire ne suffirait pas
pour faire rentrer un grain de sens commun
dans un cerveau aussi complètement désor-
ganisé; mais, ce que vous ne concevez
peut-être pas aussi facilement, c'est que la
rage d'écrire, et d'écrire continuellement dans

ce beau style, tourmente le Benjamin au point qu'un pamphlet n'attend pas l'autre.

J'ai parlé, dans l'avertissement qui précède ce rapport, de deux pamphlets lâchés en moins de trois semaines. Les journaux ont, depuis, donné des extraits d'un troisième. Passe-t-il par la tête du Benjamin une idée creuse; vîte un pamphlet. S'agit-il d'une ordonnance par laquelle le Roi, chargé du bonheur de son peuple, cherche à l'assurer selon le droit qu'il s'en est réservé par l'art. XIV de la Charte, vîte un pamphlet dans lequel le Benjamin affirme impudemment que (1) *les ordonnances du Roi ont fait beaucoup de mal*. S'agit-il des élections; vîte dix pamphlets dans lesquels, aidé par sa clique, le Benjamin exalte les ennemis de la légitimité qui ont fait leurs preuves, et répand, à pleines mains, sur ses amis fidèles, le fiel brûlant qui fait voir en noir à la *Faction* dont il se croit le coryphée, tout ce qui ne tient pas à elle. Le Benjamin tente-t-il, dans l'intention *de mettre à la hauteur*, les esprits d'un Département qui

---

(1) Benjamin, sur la Dissolution de la Chambre des Députés, *pag*. 34, *lign*. 6.

n'a point encore reçu l'évangile *révolutionnaire*, une mission surérogatoire dont il puisse se vanter auprès de la *Faction*, comme d'un signalé service ; si la crainte trop bien fondée de voir troubler par sa présence, la tranquillité qui n'est déjà que trop compromise par ses écrits, engage des hommes pacifiques à lui donner le charitable conseil de laisser dans son opinion, un peuple qu'il intruisît à ne pas aimer *les Missionnaires*; si son zèle fanatique, si sa résistance opiniâtre amènent enfin le désordre qu'il avait absolument voulu provoquer, vîte un pamphlet dans lequel il accuse, pour ne pas être accusé, dans lequel il affirme qu'il *peut garantir les faits* mensongers *qu'il annonce*. Si, révolté de l'impudente fausseté de ses assertions, un fonctionnaire public qu'il a lui-même cité comme témoin, et comme acteur dans une scène libérale, vient rendre à la vérité sa couleur dans une réponse modérée au virulent libelle où, ce Magistrat et les autres Autorités sont perfidement taxés d'une coupable négligence ; vîte un pamphlet, pour établir que le Magistrat et la vérité en ont menti, attendu que les Libéraux et surtout leur Benjamin n'en sont pas capables.

Vous analyser, seigneur, tous les pamphlets du Benjamin, serait une tâche aussi pénible que longue. J'ai eu l'honneur de vous répéter quelques traits des plus innocens, des plus sublimes de celui, sur la prétendue *dissolution de la chambre des Députés*, afin de réveiller votre attention, et de vous engager à essayer sur son auteur l'usage de votre redoutable Sceptre, quand vous aurez jugé convenable de le reprendre. Hélas! si vous aviez dévancé ce vœu, en sifflant au moment de son apparition, *sa lettre au Ministre de la guerre sur les événemens de Saumur*, je ne me verrais pas dans la triste nécessité de feuilleter cette dégoûtante rapsodie, pour en faire ressortir les insultes que son auteur vous y prodigue, tant en vous traitant personnellement sans ménagement et sans respect, qu'en attaquant, avec la certitude de vous déplaire, les objets de votre estime ou de votre vénération.

D'abord, on reconnaît à la seule inspection du volume, que, pressé du besoin d'argent, et du désir de vous subtiliser le vôtre, le Benjamin a visé à la page, pour former d'estoc et de taille, une feuille d'impression qu'il pût vendre et vîte et vîte; mais qu'il n'a pu, toutefois compléter, qu'en vous donnant, en hors-d'œuvre, un petit avertissement qui ne vous avertit de rien, et avec le catalogue de ses ouvrages, celui des œuvres de M. l'abbé de Pradt; comme si, déterminé à vous empoisonner, mais doutant de votre goût pour les poisons de sa composition, il eût conçu la pensée que vous donneriez la préférence à ceux de son camarade.

Cette première impertinence envers vous, seigneur, toute grave qu'elle est à cause de votre dignité qui devait en faire repousser jusqu'à l'idée, me semble légère en comparaison de celle de vous forcer à devenir le confident d'une lettre qui regardait S. Exc. le Ministre de la guerre à qui elle est adressée, mais qui vous était absolument étrangère.

Certes, il était bien libre au Benjamin, dans la prétention qu'il annonce d'avoir miraculeusement échappé au martyre qu'il avait provoqué par l'imprudence et par l'amertume de son zèle intempestif, de dénoncer au Ministre de la guerre « *les Seïdes guerriers*, *les Sicaires*, *les Janissaires*, *les Prétoriens imberbes* qui, persécuteurs fanatiques, ne sont toutefois parvenus à faire de lui qu'un Confesseur sain et sauf de la foi libérale. Si Mahomet le prophête, encore qu'il soit mort depuis long-temps; si le Vieux de la montagne, encore qu'il ne soit plus question de lui depuis les croisades; si le Grand Seigneur, malgré ses antiques relations d'amitié avec le Roi de France; si les Empereurs Romains qui ne sont plus, se sont réellement entendus, pour envoyer à Saumur, l'un des *Séïdes,* l'autre des *Sicaires*, l'autre *des Janissaires*, les autres *des Prétoriens imberbes* chargés d'assassiner l'innocent Benjamin, le Ministre devait avoir connaissance de l'entrée dans le royaume, de ces troupes étrangères. Celui dont elles ont voulu se faire une victime, a dû l'instruire de leurs attentats et lui en demander vengeance. Si le Ministre n'a point refusé cette vengeance; s'il a fait, au contraire, informer, s'il fait informer encore sur un crime aussi odieux; pourquoi, seigneur, le citer à votre tribunal, en répandant avec profusion un libelle qui ne pouvait être pour vous qu'un objet de scandale? Le Benjamin craignait-il que le Ministre ne fît pas son devoir, et pensait-il l'y contraindre, en soulevant d'avance contre lui votre opinion? Mais, Seigneur, il devait savoir comme vous, que vous êtes le juge des actions et non des intentions des hommes. De belles actions vous font, il est vrai, présumer de bonnes intentions, et cent fois les antécédens qu'offre le Ministre, vous ont donné la mesure du bien que vous devez attendre de lui, comme ceux de la *Faction* et de son Benjamin vous ont appris ce que vous en aviez à redouter; mais, encore une fois, c'est à *l'œuvre* que, de tout temps, *vous avez connu l'artisan*, et je ne vous ferai pas l'injustice de vous croire disposé à changer de méthode

Puisque le Benjamin avait fait transmettre au Ministre par M. le Comte Gentil-St.-Alphonse, « *la plainte qu'il avait cru devoir adresser à* « *S. Exc, avant de s'éloigner de Saumur;* » à quoi bon lui écrire de Blois? — Certes, ce n'est pas ici le cas de dire : *Ce qui abonde ne vicie pas*. Après la plainte, la lettre était au moins inutile. J'ai suffisamment démontré, qu'elle était outrageante pour le Ministre, insultante pour vous, seigneur; il ne me sera pas plus difficile d'établir, que toutes les fois qu'elle n'est pas mensongère, elle est perfide dans sa manière de rapporter les faits, et qu'elle ne fut, dans l'intention de l'auteur, prouvée par les reflexions qu'il sème dans le cours de son récit, et auxquelles il s'abandonne, après qu'il l'a terminé, qu'un prétexte pour vomir contre le Roi et contre ses sujets fidèles, Magistrats, citoyens et soldats, les abominables injures, les révoltantes calomnies dont, depuis qu'elle éprouva l'indulgence, pour ne pas dire la protection d'un certain Ministère, la *Faction* incorrigible n'a cessé de poursuivre quiconque ne marchait pas sous ses drapeaux, ne venait pas s'y ranger, ou les avait désertés, après avoir reconnu le but auquel elle veut atteindre.

M. Benjamin était à *Saumur*, le 7 octobre. On pourrait lui demander : — *Qu'alliez-vous faire dans cette galère ?* Mais la question qui ne serait pas indiscrète, serait inutile, surtout, quand on le sait aussi bien que lui. Enfin il y était ; et ce qui doit singulièrement intéresser les gastronomes, il y *était à diner, avec un candidat pour les élections*, lors *prochaines*. Vous entendez, sans doute. *Il dînait* donc, *lorsque quelques jeunes gens appartenant à l'école d'équitation, et sortant probablement*.... Il est bon là le *probablement*. Le Benjamin, quand il a bien diné, suppose que tout le monde en a fait autant — *Dans un état d'ivresse*.... Cela prouve, je pense, en faveur de la constance de M. Benjamin à son système des suppositions, et celle-ci n'est ni des plus honnêtes ni des plus charitables.—*Des maisons où ils avaient dîné eux-mêmes*... Ah ! Monsieur l'académicien manqué, l'Académie a donc bien fait de vous exclure. C'était ici le cas d'employer l'article indéfini. — *Vinrent pousser sous mes fenêtres*....Sous vos fenêtres, M. le contribuable indirect ! Vous parleriez peut être juste, si vous êtes baron de Rébèque en Suisse ; mais en France, Baron ou non, les médisans prétendent que *votre maison n'a ni fenêtres ni portes*. D'ailleurs vos fenêtres à Saumur appartenaient à *l'ami de votre ami*, *à M. Rossignol de Fleury*. Vous auriez pu dire, à la rigueur, *sous les fenêtres* de ma chambre. — *Plusieurs de ces cris qui à Nîmes, à Avignon, à Toulouse ont plus d'une fois préludé au meurtre*. — Quels étaient ces cris, M. Benjamin ? On doit exprimer les cris séditieux qu'on dénonce, surtout quand ils *préludent au meurtre* ; ne fut-ce que pour avertir les victimes qu'ils pourraient menacer à l'avenir, de se tenir sur leurs gardes. On criait peut-être : A bas les libéraux, par la raison que le parterre crie bien : à bas après l'acteur qui l'ennuie. C'est un avis, une leçon, une marque d'improbation, si vous voulez, que le parterre lui donne ; mais ils faudrait avoir bien de la méchanceté de reste, pour supposer que le parterre voulût qu'on égorgeât un pauvre diable parce qu'il n'aurait point eu le don de lui plaire.

— « Mais, Monsieur, ce n'est pas cela. *Je suis fâché de dire qu'ils mêlaient à ces cris, celui de vive le* Roi. » Ah! voilà le grand mot lâché. C'est ce cri de vive le Roi qui vous a blessé le tympan? En effet, je commence à concevoir que vous ayez pu craindre pour vos jours. Ce cri d'amour de la part de la nation pour son père, est un coup de poignard dans le cœur de *la Faction* chaque fois qu'on le prononce avec l'accent Français qui lui est propre, et que vous n'êtes pas né pour sentir. Vous dûtes vraiment vous trouver indisposé la première fois qu'il frappa vos oreilles, vous évanouir à la seconde; être sérieusement malade à la troisième; tomber en agonie à la quatrième, et sûrement vous fussiez mort d'une rage remontée d'un *cholera morbus,* si ce cri se fut plus long-temps prolongé, ou si l'on n'eut pas soigneusement fermé *la porte*, pour vous empêcher de l'entendre davantage.

Sans doute, seigneur, vous verrez dans cette affectation de désigner, parmi *des cris séditieux* qu'on n'exprime pas, le cri de vive le Roi qu'on cite en toutes lettres, page 9 de la BENJAMINE de Blois, et qu'on ose accoler, page 13, à des cris semblables que, cette fois, on précise, l'injure la plus atroce que l'on puisse faire au Monarque et à la Nation qui le chérit et le respecte. Quoi ! c'est en élançant vers le souverain maître de la vie, leur vœu pour sa conservation, que les sujets d'un Roi de France, que ses enfans ont égorgé leurs frères ! Quoi ! vraiment, le cri de vive le Roi est devenu un cri de mort, le cri de ralliement des assassins ! Et, c'est sérieusement que, depuis leur triomphe de 1815, tous les journaux de la faction, tous les libelles, et particulièrement ceux de son Benjamin, répètent cet horrible blasphême, propagent cette horrible calomnie ! Et le Ministère public n'a informé contre aucun d'eux ! Et les tribunaux ne leur ont point appliqué les peines légales ! Et les Ministres du Roi n'ont point usé de cette loi d'exception qu'on leur reproche avec tant d'aigreur, et qui met *de droit à leur merci les personnes* de ces audacieux insensés ! Tant d'impudence d'un côté, tant d'indulgence ou plutôt, tant de faiblesse de l'autre. ressortissent, seigneur, de votre autorité, et jamais peut-être, un essai du pouvoir magique de votre sceptre n'aura été plus légitime et plus salutaire.

Jusqu'à présent, seigneur, ainsi que vous le voyez, tout le mal de l'aventure du Benjamin à Saumur se réduit à celui que lui-même a mis dans le rapport qu'il en a fait, et l'on ne voit pas trop pourquoi *six officiers de l'école d'équitation* seraient venus lui faire des excuses au sujet du cri de *vive le Roi*, proféré dans la rue par quelques-uns de leurs camarades, et *lui apporter l'assurance, que l'immense majorité de cette école désapprouvait les excès de quelques individus*, quand il n'y avait pas eu d'excès de commis.

Ne dirait-on pas, à l'orgueil des expressions du Benjamin, aux assurances qu'on lui apporte (à ce qu'il dit) d'un de ces proconsuls de 1793 et 1794, qui, s'étant fabriqué du titre de *députés* celui de représentans, en cette qualité prétendaient aux hommages, et croyaient la majesté nationale insultée, quand leur personne avait été regardée de travers, ou bien avait, par accident, reçu quelques éclaboussures ? Au surplus, soit que ces officiers fussent une députation de l'école, soit qu'il fussent venus s'humilier de leur chef, le *représentant* imaginaire ne crut pas devoir les traiter avec l'indifférence et le mépris qu'il réservait pour la députation plus nombreuse, qui, le lendemain, devait désavouer les *réparations* de torts qu'on n'avait pas eus. Il alla même, avec toute la dignité qu'on lui connaît, jusqu'à entendre avec joie les noms de ces Messieurs, qu'en véritable connaisseur en fait de gloire, il assure se rattacher aux époques de la nôtre. Mais comme il existe sur le chapitre de la gloire, aussi bien que sur tout le reste, de certains caprices, il eut bien fait de préciser ces époques, et de nous informer si ce sont celles du 20 mars et de Waterloo; si enfin ces Messieurs n'auraient pas fait partie du *bataillon sacré*.

De ces deux députations, seigneur, à en croire le narrateur, la première était vraie, du moins il l'insinue; la seconde était fausse, du moins il l'affirme, et vous avez vu quelle foi méritent ses insinuations et ses affirmations. Vous daignerez noter, qu'il ne dit pas que la première fut *armée,* au lieu qu'il en fait un crime à la seconde. Il est probable, toutefois que, dans l'une comme dans l'autre, des officiers qui se disaient députés d'un corps auprès d'un personnage important, respectèrent assez le costume pour ne pas oublier leurs épées. Certes, à moins que les seconds n'eussent à la main *des cannes*, et dans la poche *des pistolets,* selon l'exemple qu'on avait donné à Paris, une portion *de la portion estimable de la jeunesse française* dans les solennelles journées du 3 juin et suivantes, exemple si bien suivi, selon M. Benjamin, par les jeunes gens de Saumur, dans la journée moins célèbre du 8 octobre, on ne voit pas trop comment cette seconde députation a mérité, plutôt que la première, le reproche d'avoir paru en armes. Ce reproche n'est donc, à son égard, qu'une très-gratuite, ou très-libérale perfidie. Que les derniers députés, ou soi-disant tels, fussent des *Prétoriens*, c'est une contradiction, puisque M. Benjamin dit qu'ils étaient *élèves de l'école d'équitation.* Qu'ils fussent *imberbes*, c'est assez naturel, puisqu'il ajoute qu'ils étaient *très-jeunes*; et d'ailleurs, il est des amateurs qui aimeraient mieux n'avoir point du tout de barbe, que d'en avoir une rousse comme Judas, et des cheveux plats comme les juifs du temps d'Hérode, ou comme les frères de 1793.

Quoiqu'il en soit, et si la barbe prouve l'homme, M. Benjamin doit en avoir une belle, à en juger d'après sa conduite héroïque dans de si graves circonstances. *Il ne voulait rester qu'un jour à Saumur; mais on l'invite à dîner pour le surlendemain*; sa gastronomie le pique d'honneur; il accepte.

« A dîner sans péril, on digère sans gloire. »

M. Benjamin qui sait cela, et qui, je l'ai dit, est connaisseur en fait de gloire, *accepte, déterminé par les menaces et par les cris dirigés contre lui*. Quel courage! mais quel malheur que, d'après son propre récit, les menaces n'aient eu lieu que le lendemain, puisque c'est le 7 même qu'il prend cette énergique détermination, un moment avant que la première députation se retire, et quand la seconde n'est pas venue rétracter ses politesses, ce qu'elle ne fit que le lendemain 8, *vers midi*. Au reste, ce courage de M. Benjamin, prouve en faveur de son amour pour la paix. Il partait si l'ordre n'eut pas été troublé à son occasion; il conçoit l'espoir d'occasionner en restant, un désordre complet, d'amener peut-être *un bouleversement*, il reste, et surtout il reste pour dîner. Le beau motif! Et celui qui s'en glorifie, est le même homme qui a dit : (1) » *Tout bouleversement entraîne des maux plus ou moins longs, plus ou moins* (*fâcheux*, (des maux) fâcheux) *qu'il est désirable d'éviter* ».

Je pourrais pousser plus loin les réflexions; mais pressé du désir de suivre l'incroyable his-

(1) Voir la *Benjamine* sur la Dissolution de la chambre des Députés, *pag*. 21, et la Critique raisonnée; *pag*. 17.

torien dans son récit, j'en sacrifie quelques-unes, persuadé qu'il ne me fournira que trop d'occasions d'en réparer la perte. Au milieu de la nuit, continue-t-il, *les mêmes désordres se renouvelèrent*. Quels désordres ? On n'avait fait, jusques-là que crier : *vive le* Roi, et peut-être : *à bas les Libéraux*. Voyez le grand malheur ! — *Quelques menaces d'assassinat s'y joignirent, et j'appris, en me réveillant le lendemain*, etc. Dieu soit loué ! M. Benjamin a eu une bonne nuit. —Mais, M. Benjamin, vous dormiez donc, pendant ces désordres ? Comment alors pouvez-vous *les garantir?* Comment remplirez-vous *l'obligation de* prouver ce que *vous affirmez sans l'avoir vu, sans l'avoir entendu !*

Dans la nuit du 7, M. Benjamin ronflait donc comme une pédale d'orgues. Le lendemain 8, il parcourait paisiblement Saumur ; et *il allait dîner chez M. Hurault*. Et M. Benjamin cherche, seigneur, à vous faire croire qu'on l'avait menacé de l'assassiner, et qu'on se préparait à exécuter cette horrible menace ! Mais quoi ! Je vous vois sourire au souvenir du danger qu'a pensé courir cet (1) *intègre et fidèle mandataire !* Vous haussez les épaules à l'aspect de ceux auxquels il s'expose de son chef, *en par-*

(1) *Benjamine*, sur la Dissolution de la Chambre des Députés, *p.* 12, et Critique raisonnée par un amateur de la pureté du langage, *p.* 11.

courant une ville où, à chaque coin de rue, ses assassins peuvent lui avoir dressé un guet-à pens ! Où est donc cette foi robuste et implicite que vous devez aux récits des Libéraux? Prenez-garde à vous, seigneur, ils outragent leur Roi, parce qu'il se contente de rire de leurs sottises au lieu de leur donner de son sceptre sur les épaules; ils vous traîneront dans la boue si, ne faisant aussi qu'en rire, vous ne leur donnez du vôtre à travers les oreilles.

Mais, il faut bien cesser enfin de plaisanter, et en venir à la fameuse affaire où, suivant le droit naturel, le publiciste Benjamin aurait pu très-légitimement perdre les siennes par répré-sailles des blessures qu'avait alors reçues l'un *des Prétoriens* de l'école d'équitation.

M. Bineau, adjoint de M. le maire de Saumur, se dévouant pour calmer la fureur de ces jeunes gens, pour fourvoyer leur vengeance, *s'était précipité au-devant d'eux, et se trouvait, comme eux, exposé aux coups de feu* tirés, sans doute, par *la portion estimable de la jeunesse Française* de Saumur, que M. Benjamin son panégyriste, pour ne pas dire son précepteur, attendu les bonnes maximes qu'il a l'habitude de prêcher, vous représente *armée de cannes et de pistolets*, *et dissipant facilement une autre portion de la jeunesse Française*, aussi *armée*, quoiqu'il ne dise pas comment, et qui n'a eu ni le bonheur de sucer les mêmes principes, ni l'esprit de les adopter.

Qui ne croirait, seigneur, d'après le récit de M. Benjamin, pouvoir attribuer aux *jeunes gens* de Saumur, ces deux exploits dont il s'efforce de les flétrir par ses éloges détournés? En effet, s'ils *avaient déjà tenté d'arrêter les projets des Prétoriens*, et s'ils *n'y avaient pas réussi, parce qu'ils étaient sans armes*, ils n'ont pas dû pouvoir, quand ils ont eu des *pistolets, dissiper facilement ces Prétoriens*, sans en faire usage, et les *coups de feu* dont le véridique historien se garde bien de parler mais qu'atteste M. Bineau, ne semblent-ils pas devoir être imputés à ceux qui s'étaient pourvus *d'armes* destinées à les produire? Il est fâcheux que la logique du Benjamin prête à des raisonnemens semblables. Il serait encore plus fâcheux pour les jeunes compatriotes de M. Bineau, qu'ils subsistassent. Heureusement on respire en voyant ce digne Magistrat les acquitter, par son témoignage, de cette infâme calomnie. Puisse la jeunesse Française, repoussant les flagorneries des factieux qui comptent, pour la jeter hors de la ligne du devoir, sur son ardeur et sur son inexpérience, apprendre, par cet exemple, jusqu'à quel point ils la trahissent et la méprisent, ceux qui lui présentent comme dignes d'admiration, les excès auxquels ils la poussent dans l'intérêt de leur fortune ou de leur ambition, et qui, pleins d'une joie féroce, la signalent au blâme universel, soit qu'ils aient réussi à la séduire, soit qu'elle ait résisté à leurs perfides suggestions!

M. Bineau était sur la promenade avec les élèves de l'école d'équitation *avant les coups de feu et au moment de leur explosion*. Il atteste que « l'irritation de ces jeunes gens et « leur ardeur à se porter vers la maison d'où ils « soupçonnaient qu'un de ces coups de feu était « parti, » et conséquemment « vers celle de M. « Hurault, qui est en face, n'avaient été causées « que par ces mêmes coups de feu, et par la « blessure d'un de leurs camarades. » Il les lave donc aussi du reproche d'aggression dont M. Benjamin semblait vouloir faire tout l'honneur à ceux qu'il avait choisis pour ses Benjamins et qui, grâces à M. Bineau, ont échappé à cette mignardise judaïque et libérale.

Lequel croirez-vous, seigneur, ou du Magistrat témoin oculaire et acteur dans la scène, au dire de M. Benjamin lui-même, ou de

M. Benjamin qui dort et qui dîne tranquillement, protégé par une porte solide à travers laquelle il ne peut rien voir, rien entendre qu'un bruit confus, et qui, pour faire son rapport dont il ne veut pas qu'on doute, convient expressément dans sa réponse au *pamphlet* de M. Bineau, qu'il a été obligé de conter « les évènements du dehors d'après les récits de témoins » également *oculaires*, mais qu'il ne cite pas, et qui d'ailleurs n'ont pas appuyé de leur signature les dires qu'il leur prête.

Mais la maison de l'amphytrion M. Hurault a-t-elle été réellement assiégée? M. Benjamin l'affirme, et l'on ne connaît que trop la valeur de ses affirmations. M. Bineau n'en dit rien. Une lettre de Saumur, datée du 21 octobre, et insérée dans la Quotidienne du 25, ridiculise ce prétendu siège entrepris par une vingtaine de *Prétoriens imberbes* contre une garnison bien approvisionnée de munitions de bouche, et au moins égale en nombre, en y comprenant les domestiques. En attendant que la Justice qui informe, nous fasse connaître la vérité sur ce point important de l'histoire, rien ne s'oppose à ce qu'on s'intéresse, si l'on veut, aux nouveaux dangers de M. Benjamin. Réels ou bien imaginaires « ces dangers parurent si pressans à M. Hu-

« rault, qu'il aurait voulu engager son hôte à « s'y soustraire par une issue détournée. »

Certes, c'était là remplir les devoirs d'une attentive hospitalité. Voyons comment le généreux Benjamin en récompense ce bon M. Hurault.

— « Quelque embarrassant, (dit-il) qu'il « fût pour moi, de m'obstiner à rester chez un « citoyen que j'exposais à être la victime in- « nocente d'un complot qui me regardait, je « ne crus pas devoir me rendre à sa prière. Il « mit en sûreté Mad. Hurault dont la faible « santé se ressentira peut-être long-temps d'une « scène pareille. etc. »

Oh! conduite vraiment libérale et digne de l'homme qui, pour ne pas *perdre un coup de dent*, convient qu'il a sciemment compromis la tranquillité publique! Quoi! — M. Benjamin, *vous vous obstinez à rester, malgré lui, chez un citoyen* qui vous a bien accueilli, et qui veut vous sauver la vie! Quoi! Vous savez que *vous l'exposez à devenir la victime innocente d'un complot qui vous regarde* seul, et loin *de vous rendre à sa prière*, vous l'entraînez, de propos délibéré, dans votre perte, qu'il a voulu vous faire éviter! Quoi! son épouse étrangère à vos bacchanales politiques, Libérales, Electorales, comme il vous plaira, *est d'une faible santé ;* vous prévoyez qu'elle *se ressentira long-temps des suites d'une scène pareille*, et vous la provoquez de gaîté de cœur, ou vous vous refusez à prendre le parti qu'on vous indique pour la lui éviter cette *scène* qui peut lui causer la mort, ou du moins aggraver ses maux ! Et M. Hurault ne vous a pas fait, M. Benjamin, jeter par les fenêtres ! Il faut convenir qu'il est d'une bonne pâte, ce bon M. Hurault, ou bien qu'il ne voyait pas comme vous, à travers le myscroscope de la peur, les prétendus dangers dont vous le représentez environné ainsi que sa maison et sa famille que, sous aucun prétexte, il ne pouvait ni ne devait vous sacrifier.

L'absence de tout péril peut seule justifier la conduite débonnaire de M. Hurault dans cette occasion. Voyons quelle avait été celle des Autorités locales, soit pour prévenir les dangers de M. Benjamin, soit pour les éloigner de sa personne quand sa ridicule forfanterie l'eut poussé à rejeter, au risque de tout ce qui pouvait en résulter pour autrui, les conseils de la prudence, les sollicitations de l'amitié.

Dans la nuit du 7, c'est lui qui l'annonce, « la police de Saumur prend la précaution de » faire garder sa porte par des Gendarmes : » autant, sans doute, pour empêcher le trouble de se répandre dans la ville, que pour l'écarter de l'asyle du MISSIONNAIRE. Dans la matinée du 8, » un commissaire de Police s'informe à deux » reprises, s'il est certain que le Missionnaire » dinera chez M. Hurault. C'était, sans doute, *une mesure* de prévoyance, et le MISSIONNAIRE en convient lui-même. La présence du MISSIONNAIRE inspirait donc aux Autorités, des craintes pour la tranquillité de leur ville ; et ces craintes, en rejetant un instant le rapport de M. Bineau pour adopter celui de M. Benjamin, étaient d'autant mieux fondées, que les jeunes Citadins se seraient déclarés en état de guerre contre *les Prétoriens*, et qu'*informés du projet* de ces derniers (de crier : vive le Roi,) ils auraient tenté de *l'arrêter, sans avoir pu y réussir parce qu'ils étaient* encore *sans armes.*

Ce roman de la façon de M. Benjamin, dans lequel il fait prendre spontanément aux jeunes gens de Saumur, des armes proscrites par toute bonne police, a bien son joli côté de morale libérale que, sans doute, seigneur, vous appercevez à merveille, sans que je vous l'explique. — Ma foi non, me répondez-vous. — Quoi ! Seigneur, vous ne voyez pas que c'est un petit conseil donné sans faire semblant de rien, « à « la portion estimable de la jeunesse Française, » de soutenir bonne, sans raisonnement préalable, toutes les doctrines qu'il plaira à la *Faction* de lui siffler; de répondre uniquement, dans toute discussion sensée: — *C'est mon opinion*; de s'emporter contre ceux qui ne parlent pas comme elle de montrer les dents à ceux qui s'aviseront de la contrarier en voulant la convaincre; c'est, en un mot, dire à tous les jeunes gens : — Sachez que vos pères sont devenus des *ganaches*. Il y a trop long-temps qu'ils gouvernent : maintenant, c'est à votre tour. Allons, enfans du siècle de la gloire, conquérez l'*Empire*. Si ces despotes vous résistent, laissez leur apercevoir le bout de vos petits canons; ils vous cèderont les grands. Ne craignez pas qu'ils vous tuent; ils vous aiment trop pour cela. L'exemple, seigneur, est un puissant mobile; supposés ou réels, *les pistolets* de Paris seront cités comme exemple; on citera comme exemple les *pistolets* de Saumur, et jusqu'aux écoliers de sixième; tous économiseront sur leurs menus plaisirs, pour acheter des *pistolets* à l'aide desquels ils régenteront leurs régents, et les rendront Libéraux, soit de bonne volonté, soit de force.

Quoi qu'il en soit, cette attaque prétendue de la part des jeunes gens de la ville contre les *Prétoriens imberbes*, avancée par M. Benjamin, expliquerait la réunion d'une vingtaine de ceux-ci *sur la promenade*, ainsi que l'intervention de M. Bineau et de plusieurs officiers de l'Etat-major dans leur rassemblement, *pour modérer leur colère.* De ce que les jeunes gens n'ont point attaqué *les élèves*, il ne s'en suit pas que ceux-ci ne l'aient point été; et l'instruction, sans doute, les fera connaître ces agresseurs couverts jusqu'à présent d'un voile que personne n'a soulevé. Il n'en demeure pas moins probable que, sans la présence d'un Magistrat et de Chefs intéressés à maintenir ou à rétablir l'ordre dans le lieu de leur séjour, le dangereux étranger à l'occasion duquel il avait été d'abord menacé, puis troublé, aurait porté la peine de sa téméraire opiniâtreté, et pour ne pas dire plus, de ses insolentes bravades. Il sied bien en vérité, à un tel homme de chicaner l'Autorité locale sur les moyens qu'elle a cru devoir employer; quand par ces moyens, elle est parvenue à le préserver des malheurs que pouvait attirer sur lui sa funeste démence!

Mais, seigneur, il ne suffisait pas à M. Benjamin d'avoir été, pour la ville hospitalière, un brandon de discorde et même de guerre civile, il manquait encore à sa noire ingratitude, de calomnier, d'outrager les autorités de cette ville, pour prix de leur efficace protection et de leur active sollicitude. Il manquait à sa perfidie de leur tendre des piéges dans lesquels les ayant artistement enveloppées, il put un jour les trouver, pour les faire punir d'avoir comprimé son zèle Apostolique. Il manquait à sa folie, de le porter à se considérer comme leur supérieur, et à vouloir, en cette qualité, se faire rendre compte de leur conduite.

Les Prétoriens avaient été facilement dissipés ; toute chance de péril avait cessé, dit M. Benjamin, lorsque *les autorités, avec quelques officiers supérieurs de l'école* se présentèrent chez M. Hurault. *Le soin qui m'occupa d'abord*, ajoute-t-il, *fut de constater que les citoyens de Saumur n'avaient trempé en rien dans ces désordres.* — *Constater!* vous! et quelle qualité aviez-vous donc, pour *constater* quelque chose à Saumur? — *J'obtins, en effet, la déclaration de M. le maire......* — Vous *obtîntes la déclaration de M. le maire!* vous! Et M. le Sous-préfet, et M. le procureur du Roi, et les adjoints de M. le maire, qui étaient présens, ont souffert que vous fissiez prêter interrogatoire au magistrat, chef de la police d'une ville dont la tranquillité avait été troublée par vos sectateurs, à votre occasion ! Et lui-même a consenti à descendre à ce point de sa dignité ! N'est-ce pas là, porter à son dernier période, le délire insolent qui, par bonheur, ne peut trouver d'accès que dans un cerveau fêlé par le libéralisme?

En vain, seigneur, après avoir écrits de semblables extravagances, M. Benjamin chercherait à écarter cette accusation de délire. Lui-même prend soin de la justifier à chaque mot qu'il ajoute. — *Je passe sous silence*, dit-il, *l'offre qui me fut faite par M. le Sous-préfet, d'appeler des troupes de Tours......* (Des troupes de Tours, quelle construction!) *pour me garantir.* (Pour le garantir, de quoi ?) *Toute chance de péril avait cessé. Il n'avait aucun besoin d'être protégé.* Il devait recevoir, le lendemain, *des témoignages de bienveillance* (à coup sûr bien mérités) et il ne voit pas M. Benjamin, que si pareille offre lui a été faite, quand elle était devenue inutile, elle n'a pu l'être que parce qu'il avait témoigné de la peur, ou bien tout bonnement pour se moquer de lui.

Ces détails, dit-il encore au Ministre, *sont étrangers à ce qui est du ressort de votre Excellence.* Eh ! monsieur Benjamin, s'ils sont étrangers à Son Excellence, pourquoi les lui donnez-vous ? Si *la jurisdiction du Ministre* (lequel n'est pas un tribunal), ne *s'étend que sur les délits des militaires*, est-ce à vous de le lui rappeler ou de le lui apprendre ? Dans ce cas encore, pourquoi lui dénoncez-vous, *la déclaration* que vous prétendez vous avoir été faite par M. Bineau qui n'est pas un *militaire*, mais bien un magistrat civil que vous avez forcé à vous donner (à la vérité le plus poliment du monde) un démenti formel, et à repousser avec indignation, l'accusation que vous lui prêtez contre les élèves, d'avoir été capables de l'assassiner, s'il l'eut fallu, pour parvenir plus sûrement à vous assassiner vous-même ? Pourquoi vous avisez-vous d'accuser, auprès de Son Excellence, les autorités de Saumur d'une *apparition tardive*, lorsqu'il s'agissait contre vous de projets criminels dont elles avaient, selon vous, la connaissance anticipée, quand à l'égard des attributions de Son Excellence, elles n'ont aucun compte personnel à lui rendre de leur conduite !

Enfin, une nouvelle preuve du délire de M. Benjamin, mais une preuve suffisante pour le faire ranger à Bicêtre parmi les maniaques les plus frénétiques, et qui manquait à toutes celles qu'il en a fournies jusqu'à présent, c'était *de regarder comme un bonheur de sa vie*....—(*Un bonheur de* sa vie ! voilà du français, je pense.) *Un événement* dans lequel, au-dire des journaux et de M. Bineau, le sang français a coulé à l'occasion de l'innocent et du véridique Benjamin qui se garde bien d'en parler.

Mais, ô honte du Libéralisme ! *ô vanæ hominum mentes et stultissima corda !* Le délire est une affection trop douce pour le héros et le trompette du parti. Semblable à ce chef des anges de ténèbres que Milton nous représente, le front sillonné par la foudre, brisé par ses atteintes, et relevant du fond de l'abîme sa tête audacieuse pour insulter encore aux principes éternels, au Dieu qui fut leur père; il blasphême contre eux et contre lui. En vain la vérité, se faisant jour à travers la triple enveloppe d'airain qui défendait contre elle le cœur de Satan, pénètre au cœur de Benjamin Constant; elle l'écrase de son poids, ses yeux se troublent; plus il la voit, plus il la méconnait. Abandonné du Dieu qu'il repousse, à la veille de devenir la fable des hommes qu'il trompa, qu'il trompe, qu'il veut tromper toujours, la lumière est devenue pour lui, ce qu'est l'eau pour les hydrophobes; il la déteste, il la fuit; le mal est son élément; il n'en peut plus sortir. Les démentis de M. Bineau l'avaient rendu fou à lier, les procès-verbaux des élections pour lesquelles il voulut tant faire, pour lesquelles il n'a rien fait, ont élevé sa folie jusqu'à la rage. Comme la malheureuse Hécube qui, n'ayant plus rien à risquer, plus rien à perdre, faisait sous le poil d'une chienne rousse, retentir de ses aboiemens les campagnes de la Thrace, et mordait les pierres dont on cherchait à l'assommer pour échapper à ses fureurs, tel, et non moins enroué, à force d'avoir troublé de ses cris le nocturne silence de l'Etoile (1), le champ stérile de sa troisième édition de la lettre de Blois *cùm notis*, l'infortuné Benjamin se voit forcé à se déchirer lui-même, de désespoir de ne pouvoir plus mordre personne, pour avoir trop de monde à mordre.

Maintenant, seigneur, est-ce au Ministre, est-ce à vous qu'a prétendu écrire M. Benjamin Constant? Si c'est au Ministre, une lettre de deux pages suffisait pour tracer à S. Exc., les faits dégagés de toutes réflexions, attendu

---

(1) Journal du soir.

que le Ministre est susceptible d'en faire d'aussi bonnes, pour le moins, que M. Benjamin. Quatorze pages qui commencent *malicieusement* à la septième, étaient parfaitement inutiles. En ajouter huit dans lesquelles il ne fait que vous rabâcher les vieilleries dont il vous ennuya si fort dans la Minerve et dans la Renommée, était bien plus inutile encore. Si c'est à vous, seigneur, les vingt-deux pages étaient de trop. Vous n'aviez que trop lu, sur les feuilles de ces radoteuses Sibylles, du Benjamin Constant; vous n'en aviez que trop lu dans ce qu'il plait à son libraire de nommer *ses ouvrages*, dans le catalogue qu'il vous en donne. Vous n'avez, hélas! eu que trop d'occasions de vous convaincre que M. Benjamin n'est français, ni par la naissance, ni par le cœur, ni par le style, ni par la raison. Reprenez donc, seigneur, reprenez dès aujourd'hui, ce sceptre qui fut et qui sera toujours la terreur de ceux qui lui ressemblent; et si, trop accoutumé à l'indulgence, ou bien, si les yeux encore obscurcis de la poudre qu'il vous y jeta, vous pouviez balancer à vous faire enfin justice, commencez par me siffler moi-même, à charge de finir par lui. Je vais, pour vous y encourager, pour vous guérir des scrupules qui pourraient vous rester sur son compte, vous exposer en *Benjaminades*, les considérations qui doivent vous déterminer et qui ont, en partie, nécessité ce rapport. Fier de me voir emprunter ses propres expressions qu'il aime, et qu'il est désormais condamné à aimer tout seul, M. Benjamin, à l'admiration duquel je tiens *éminemment*, se piquera peut-être d'un peu d'indulgence, et me pardonnera de vous l'avoir fait.

Veuillez, seigneur, et qu'il veuille bien aussi songer « qu'il s'agit de la paix publique. On ne » la garantira pas par des mesures partielles. » Tout se tient en fait » de sottises; il faut les siffler toutes, et le moment est on ne peut plus favorable, car M. Benjamin les entasse comme dans leur pleine saison. « Les hommes » du 20 mars 1815 ne subjuguent plus les Mi-» nistres. Les journaux de 1819 n'égarent plus » une portion de notre jeunesse armée; (ils » n'égarent plus personne), et *si les excès de* » 1815 *reparaissent*, un gouvernement sage » et fort les comprime.

» Cependant, la portion calme et éclairée » observe et juge. Partout où les brouillons du » 20 mars 1815 ne se montrent pas, l'ordre » est admirable, — et Saumur en fournit la

» preuve». *Dans tous les Départemens*, — depuis qu'enfin le Gouvernement s'est montré décidé à réprimer les factieux, « pas un cri » équivoque n'a été poussé, pas un acte ré- » préhensible n'a été commis, (excepté pour- » tant a Saumur) : C'est que la raison natio- » nale a su éluder les provocateurs. — (Eluder » les provocateurs! vous comprenez, j'espère.) » Et cette raison, (Seigneur, afin que vous le » sachiez), est une terrible puissance; elle sait » d'où naissent les troubles : on ne peut la » tromper ni sur elle-même... (Voilà qui » est clair, je pense), ni sur ses ennemis. » Pour qui veut *vivre* sagement, c'est un sûr » auxiliaire; mais si je faisais partie d'un de » ces Centres radicaux prêts à envahir l'Eu- » rope...» (Voilà du sublime ou j'y jette mon bonnet; *des centres* qui envahissent!) *Qui voulut marcher en sens opposé*... (Opposé de quoi?) — *J'éprouverais une grande peur*..... M. Benjamin n'en a pas de petites. — *De cette raison nationale. Elle ne précipite rien; elle ne se décide qu'à bonnes enseignes*. — (Style noble). — *Mais le moment vient où elle prononce, et quand elle a prononcé*... N. I. Ni. Tout est fini.

De l'imprimerie de Brasseur aîné, rue Dauphine, n. 36.

www.ingramcontent.com/pod-product-compliance
Lightning Source LLC
LaVergne TN
LVHW010100230826
846091LV00005B/2025
9782011748966

L'OUVERTURE

DE L'AMAZONE

ET SES CONSÉQUENCES POLITIQUES ET COMMERCIALES